Katja Reider

Geschichten von der Drachenburg

Illustrationen von Irmgard Paule

FSC
Mix
Produktgruppe aus vorbildlich
bewirtschafteten Wäldern,
kontrollierten Herkünften und
Recyclingholz oder -fasern

Zert.-Nr. SGS-COC-2939
www.fsc.org
© 1996 Forest Stewardship Council

ISBN 978-3-7855-5981-9
2. Auflage 2009
© 2008 Loewe Verlag GmbH, Bindlach
Umschlagillustration: Irmgard Paule
Reihenlogo: Angelika Stubner
Printed in Italy (011)

www.leseleiter.de
www.loewe-verlag.de

Inhalt

Nepomuks große Flamme 8

Der fremde Ritter 17

Nächtlicher Besuch 25

Die verzauberte Prinzessin . . . 34

Nepomuks große Flamme

„Komm, Nepomuk!", mahnt

Mama . „Du musst jetzt

aufstehen!" Aber der kleine

hält sich die zu. Er mag nicht

in die  der gehen!

Heute hat er nämlich speien

bei Herrn Luzifer, dem neuen .

Und den kann Nepomuk nicht

leiden! Aber Mama  lässt

nicht locker. Sie kitzelt den

kleinen  so lange an den ,

bis er sich endlich die  putzt.

Dann schrubbt Mama

Nepomuks blank. Jetzt

aber los! Nepomuk gibt Mama

noch fix einen  auf die .

Dann ist er schon über alle .

Eilig durchquert er den  und

galoppiert über den .

Puh, geschafft! Da vorn ist die !

Atemlos stürmt der kleine

die hinauf. Oje, alle sitzen

schon brav auf ihren !

„Du kommst zu spät, Nepomuk!",

wettert der . „Hast du denn

wenigstens geübt?"

Der kleine nickt. Sie hatten

auf, große zu speien.

Und darin ist Nepomuk gut. Heute besonders: Sowie der kleine sein öffnet, schießt eine riesige heraus! Erschrocken weicht der zurück. Zu spät!

Nepomuks hat Herrn Luzifers versengt! Selbst seine sind kohlschwarz!

Auweia! Nepomuks rutscht in die !

„NEPOMUK!!!", donnert der .

„Komm nie mehr so erhitzt in

die , klar?"

Der kleine nickt. Dann reißt

er erstaunt die auf.

Der  schreibt ja eine 1 in sein ! – Na, so was! Herr Luzifer ist ja doch ganz nett …

Der fremde Ritter

Die  spähen aufgeregt aus ihrer . Draußen vor dem steht ein ! Seine silberne blitzt in der und er sieht sehr gefährlich aus. „Was will der fremde wohl von uns?", fragt die der ängstlich.

„Was schon?", schnaubt der .

„Er will kämpfen! Alle  wollen kämpfen!" „Sicher warten im  noch viel mehr , alle bis an die bewaffnet", befürchtet die kleine .

„Ha, wir werden unsere  verteidigen!", ruft der .

„Trommelt alle starken  zusammen! Und bringt die  in den 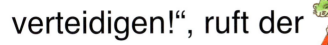. Dort sind sie sicher!"

Als alle 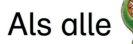 kampfbereit sind,

wird die heruntergelassen.

Tapfer tritt der dem fremden

entgegen. „Komm nur!", brüllt er.

„Wir werden dir unsere

nicht kampflos übergeben!"

„Aber ich will eure  doch gar nicht!", sagt der  verdattert.

„Was willst du denn dann?", fragt der . „Etwa die ?"

Der schüttelt den . „Nein,

ich will nur ein paar ausleihen!

Für einen leckeren !"

„Du bist gekommen, um  für einen auszuleihen?", ruft der und prustet los.

Der  nickt eifrig. „Wir können den ja später alle zusammen essen, einverstanden?"

Einverstanden. Aber erst, wenn der  nicht mehr lachen muss, sonst verschluckt er sich noch an den .

Nächtlicher Besuch

Tobis neues sieht aus wie

eine , denn Tobi liebt .

Gerade liest er ein über den

kleinen Horatio.

Horatio trinkt gerne und er

liebt über alles – ganz

genau wie Tobi!

Tobi will das über den

kleinen  gar nicht mehr aus

der legen. Aber irgendwann

fallen Tobi die zu, und sein

sinkt langsam auf sein .

Nanu, was kitzelt ihn denn da

an der ? Tobi erschrickt. Vor ihm

auf der  sitzt ja ein !

„Horatio?", fragt Tobi verblüfft. „Wo

kommst du denn plötzlich her?"

„Woher wohl? – Aus deinem natürlich!", erklärt der kleine ungeduldig. „Aber da drin will ich nicht bleiben!"

„Warum denn nicht?", fragt Tobi.

„Weil in dem steht, dass

ich  fresse!", sagt Horatio

empört. „Dabei frisst ein

doch oder , manchmal

auch eine kleine . Aber

niemals !"

„Hast du denn mal eins probiert?",

fragt Tobi und schiebt Horatio

schnell ein ins .

„Hey!", faucht der kleine .

Aber dann probiert er das

und fragt: „Hmm... hast du

vielleicht noch eins für mich?"

Ruck, zuck ist die leer. Der

kleine reibt sich zufrieden

den .

Er murmelt: „Erstaunlich lecker, diese ...! Das hätte ich nicht gedacht! Na, ich geh dann mal zurück in dein . Tschüss Tobi!"

„Komm mich doch bald mal wieder in meiner  besuchen, kleiner !", lächelt Tobi. Dann kuschelt er sich unter seine  und ist auch schon eingeschlafen.

Die verzauberte Prinzessin

Fröhlich galoppiert Zacharias,

der tapfere , durch den .

Wie schön die heute scheint!

Einfach herrlich!

Doch plötzlich verdunkelt sich

die  und Zacharias steht vor

einer riesigen .

Nanu, da oben im des

sitzt ja eine ! Oje, die sieht

aber traurig aus! Der

überlegt. Er würde die

gerne trösten!

Aber  fürchten sich vor !

Besser, sie bemerkt ihn gar nicht!

Auf schleicht Zacharias an

dem  vorbei. Aber die

hat ihn schon entdeckt.

„Hallo, tapferer ", ruft sie.

„Oh bitte, komm herauf zu mir

und gib mir einen !"

Einen ? Der  traut

seinen nicht. Seit wann will

eine  einen  küssen?

Egal! Zacharias öffnet das und

steigt nach oben. Gaaanz vorsichtig

berührt er dann mit seinem

den  der . Plötzlich

erscheint am ein riesiger !

Aus der wird ein schönes !

„Ich heiße Bella", erzählt das .

„Einst hat mich eine böse

in eine verzaubert und in

diesen  gesperrt. Aber du

hast mich erlöst! Wie kann ich

dir danken, tapferer ?"

„Och, da fällt uns schon was ein ...!", lächelt Zacharias und führt das schöne  heim in seine .

Die Wörter zu den Bildern:

 Drache
 Schuppen

 Ohren
 Kuss

 Schule
 Nase

 Drachenburg
 Berge

 Feuer
 Fluss

 Lehrer
 Vulkan

 Füße
 Treppe

 Zähne
 Stühle

 Flammen

 Ritter

 Maul

 Rüstung

 Augenbraue

 Sonne

 Herz

 Königin

 Hose

 König

 Augen

 Wald

 Eins

 Drachen-
prinzessin

 Heft

 Kinder

 Tor

 Turm

Zugbrücke
 Hand

 Kopf
 Kissen

 Eier
 Decke

 Kuchen
 Löwen

 Krümel
 Elefanten

 Bett
 Insel

 Buch
 Tüte

 Milch
 Bauch

 Gummi-bärchen
 Fenster

 Prinzessin   Himmel

 Zehenspitzen   Blitz

 Vorhänge-   Drachen-
schloss   mädchen

 Mund   Hexe

Katja Reider, geboren 1960 in Goslar, arbeitete als Pressesprecherin des Wettbewerbs Jugend forscht – bis sie 1994 zu schreiben begann.
In rascher Folge entstanden zahlreiche Kinder- und Jugendbücher, die in viele Sprachen übersetzt wurden. Katja Reider lebt mit ihrem Mann und ihren beiden Kindern in Hamburg.
Mehr über die Autorin unter: www.KatjaReider.de.

 **Irmgard Paule** studierte an der Fachhochschule für Gestaltung in München. Danach arbeitete sie als freischaffende Grafikerin in der Werbung. Seit 1997 illustriert sie Kinderbücher für verschiedene Verlage.

In der Reihe Bildermaus erzählen vier kurze Geschichten von den Abenteuern einer liebenswerten Figur, von einem spannenden Schauplatz oder von wichtigen Festen des Jahres. Im Text werden alle Hauptwörter durch kleine Bilder ersetzt, die schon Kinder ab 5 Jahren beim gemeinsamen (Vor-)Lesen erkennen und benennen können. Mit der Bildermaus wird das Lesenlernen zu einem wirklich spannenden Vergnügen.